JN062331

答えはひとつじゃない!

想像力スイッチ

1. ほかの見え方はないかな?

答えはひとつじゃない!

想像力スイッチ

1. ほかの見え方はないかな?

　本書ではみなさんに、図形に関するさまざまな問題を出しています。問題を解いていくうちに、本書のタイトル通り、「答えはひとつじゃない！」という驚きの気持ちをいだくようになるかもしれません。第1巻では、他の見え方もあるのだなと実感できる図形を集めました。

　これらの図形の多くは、錯視を引き起こします。錯視とは、実際とは違ってものが見える現象です。たとえば、A と B という 2 本の線分があるとしましょう。A と B を比べると明らかに B の方が長く見えるとします。ところが定規で測ってみると、A の方が長いのです。こんなありえそうもない図形を、「⑧並んだ 2 本、どちらが長い？」で見ることができます。

　線の長さを比べるという簡単なことであっても、錯視があらわれると、定規で測る場合とは違う答えにたどりつきます。不思議なことに、B の方が短いという正しい知識を得たあとでも、まだ B の方が長く見えます。それは脳が「B の方が長い」という見え方を作り出しているからです。わたしたちにとっては、定規で測った答えも自分の脳が出した答えもどちらも正しい、とも言えるのです。まさに「答えはひとつじゃない！」ですね。

　錯視図形に限らず、わたしたちが世の中で目や耳にすることは、いつでも答えが一つに決まるというわけではありません。そんな時は、自分の頭の中にある想像力のスイッチをオンにしてみましょう。すると、最初にたどりついた答えとはまた別の答えが頭にうかんでくるかもしれません。どちらの答えも、みなさんにとっては大事なものなのです。第 1 巻では、いろいろな見方ができる例を集めました。楽しみながら、ものにはさまざまな見方があることを知ってください。

竹内龍人

❶どの面がいちばん手前？

視点を変えてみよう！

透明な直方体で、いろいろな面が見えています。いちばん手前にある面に、色をぬってみましょう。いま思っている答が正しいとは限りませんよ。！

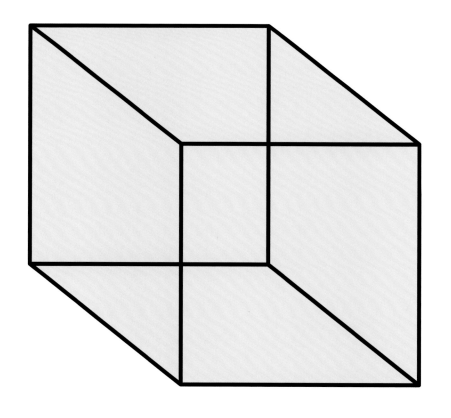

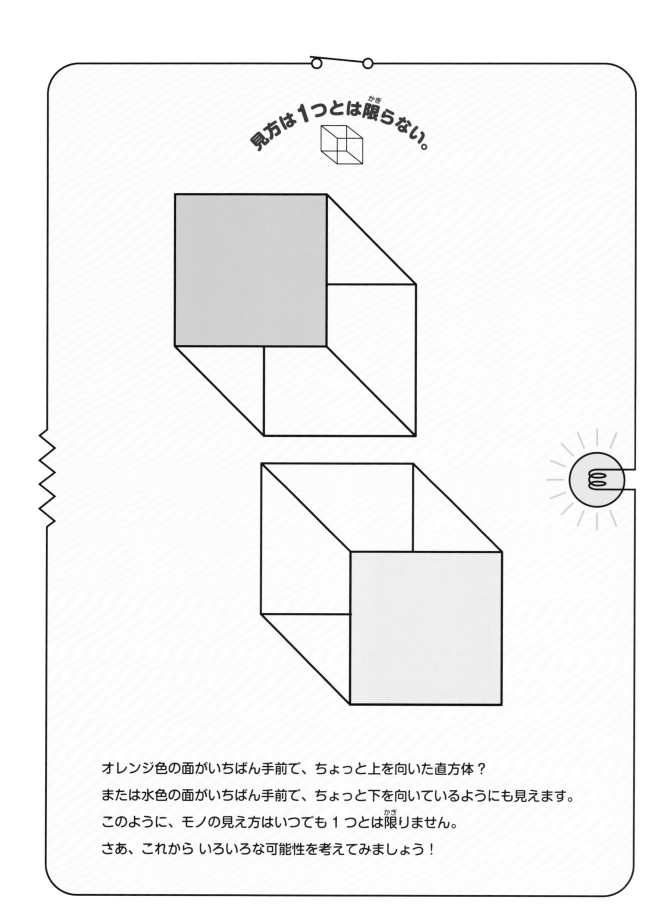

見方は**1つ**とは限らない。

オレンジ色の面がいちばん手前で、ちょっと上を向いた直方体？

または水色の面がいちばん手前で、ちょっと下を向いているようにも見えます。

このように、モノの見え方はいつでも1つとは限りません。

さあ、これから いろいろな可能性を考えてみましょう！

❷第一印象とは違う形も！

逆の可能性も考えてみよう

四角い空間の角に小さな箱が置かれているように見えます。

でも、見方を変える練習をつむと、パッと違う形に見える瞬間がやって来ます。

あなたには、違う形も見えますか？

見方は1つとは限らない。

前ページの「四角い空間の角に置かれた…」という言葉で、箱にしか見えなくなっていますね。しかし、その第一印象を捨てて、箱に見えている部分を「出っぱりではなく、へこんでいるのだ」と見方を変えてみましょう。この本を少しだけ左に傾けて絵を見直すと、よりわかりやすくなります。

座っている人物に注目して見てみましょう。見方が変わると、違う形があらわれるのです。

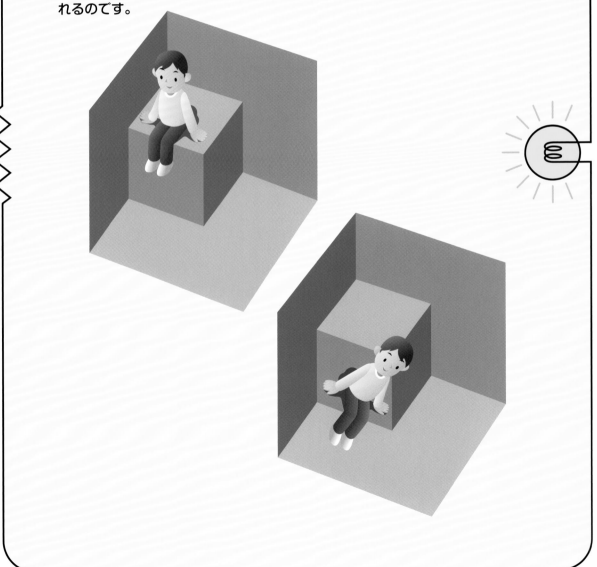

❸絵から動きが見えてくる？

想像とは正反対の場面かも

このネコは何をしているのか考えてください。
何かに向かってジャンプしているところでしょうか？

見方は1つとは限らない。

●ネコの動きは予測不能？

この絵から想像したネコは、獲物やネコじゃらしに向かって
ジャンプしているようにも見えます。

しかし、この絵の角度を変えて見てみると！

のんびりとくつろいでいるネコだったりもするのです。

見方は1つではありません。

④見る方向で形が変わる！？

一面だけで決めつけないで

上から見ると円でも、横から見ると三角形！
さて、どんな形でしょうか？

答えは、円錐ですね。

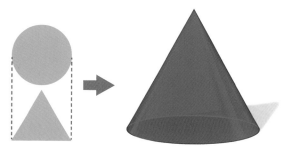

同じように、上から見ると円、
横から見ると長方形。
もうわかりますね！

答えは、円柱です。

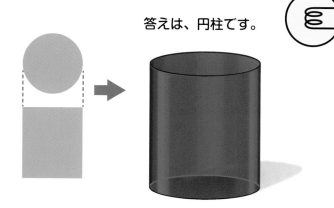

●では、この形は想像できますか？
上から見ると長方形、横から見ると三角形、
正面から見ると台形です。
想像力スイッチをオンにして、
イメージを膨らませてください。

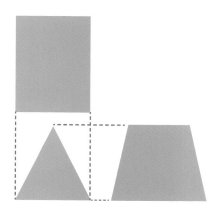

見方は1つとは限らない。

「こんな組み合わせのモノはありません！」
そんな声が聞こえてきそうですが、
では、答えを見てみましょう。

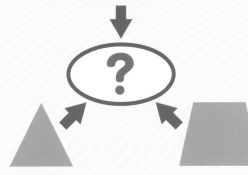

●実は、こんな形でした！

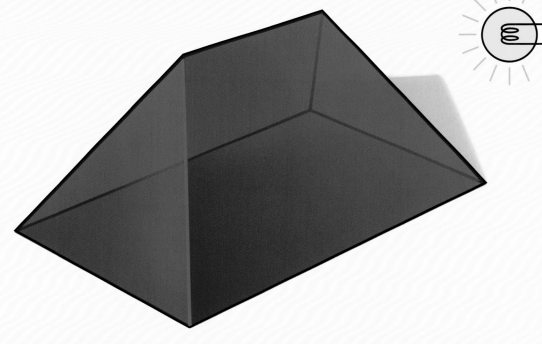

立体図形を想像するとき、一方向あるいは二方向までの情報は、形として判断できますが、三方向の情報になるとイメージしにくくなってしまいます。
複数の情報を多角的に捉えて想像する訓練をしましょう。

❺ ぎっしり並んだ行列？

1つの角度だけで決めつけないで

お店の前に並ぶ人々。感染症が流行して「他の人と離れて並ぼう」と

言われていた時の写真です。

誰も呼びかけを守っていないように見えますが、実は…。

見方は1つとは限らない。

●ほかの角度から見ると

同じ行列を真横の角度から見たら、この通り。ちゃんと離れて並んでいました。
1枚の写真だけを見て何かを決めつけると、間違えてしまうことがあります。
「ほかの角度からは、もしかしたら違って見えるかも…」と想像して、早とちり
を防ぎましょう。

❻中心はどこだ！

直観に頼りすぎないで

頂点から底辺にひかれた垂直線（赤い線）の

中心（青い点）をあらわしているのは、どれでしょうか？

まずは、見た目の判断で選んでみましょう。

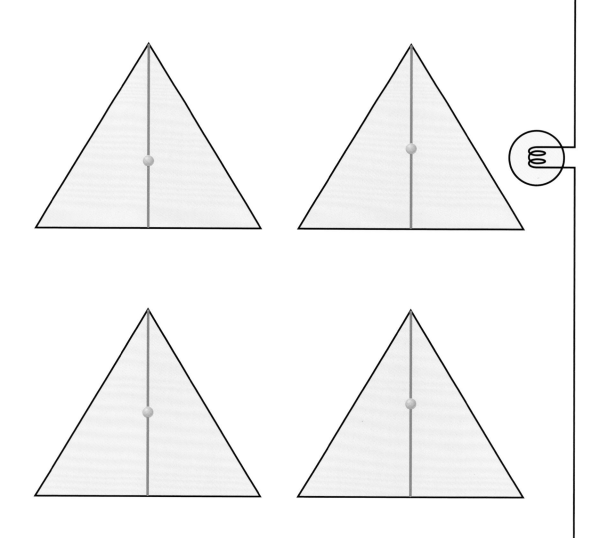

見方は1つとは<ruby>限<rt>かぎ</rt></ruby>らない。

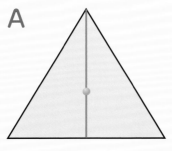

A

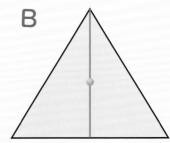

B

C

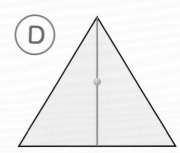

D

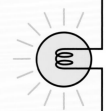

●正解は D の三角形。

青い点は思ったより上に置かれているように見えたかもしれません。

しかし、ちゃんと<ruby>垂直<rt>すいちょく</rt></ruby>線の中心にあります。

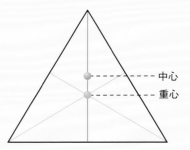

中心
重心

●中心と重心の<ruby>勘違<rt>かんちが</rt></ruby>い。

モノを持つときにバランスが取れるのは、中心ではなくて重心をつかんだとき
です。それで、わたしたちは直感的に重心をつかもうとします。だから、青い
点が中心だと言われても、その直感のせいで「なんとなくかたよっている」よ
うに感じてしまうのです。

⑦ 縦と横、どちらが長い？

経験にしばられないで

縦棒と横棒の長さをくらべましょう。どちらが長いですか？

定規で測らずに、直観で答えてください。

見方は1つとは限らない。

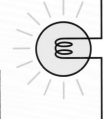

縦棒の方が長く見えていましたね？でも図を分解して並べてみると、

実際は同じ長さです。

わたしたちは無意識に縦棒の方を長く感じてしまうのです。

道路の写真に前ページの図形を重ねてみましょう。実際の距離を測ってみると、

赤線にかさなった道路の長さの方が、青線の部分（道路の幅）よりもずっと長

いでしょう。縦方向の方が長い、ということです。人の目に映るモノは多くの

場合、縦方向に長いのです。

こうした経験からわたしたちは縦線を長く感じてしまいがちなのです。

モノの見え方は、日常の経験に大きく左右されるということですね。

⑧ 並んだ2本、どちらが長い?

背景が変わると感覚も変わる

平行に並んだ赤い棒 A と B の長さをくらべてください。どちらが長く見えますか?
B の方が長く見えませんか?

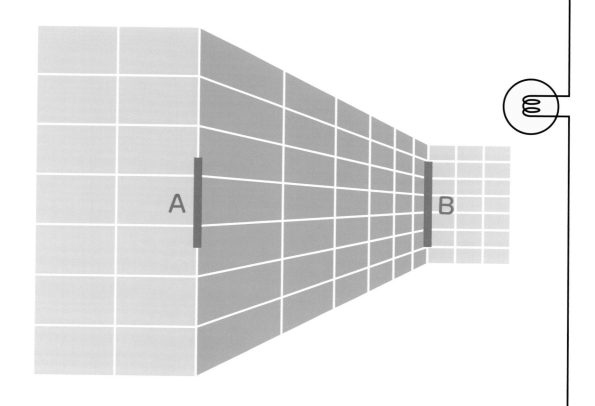

実際は A の方が長いのです！

壁<ruby>壁<rt>かべ</rt></ruby>の形や格子<ruby>格子<rt>こうし</rt></ruby>線にだまされていませんでしたか？

特に格子<ruby>格子<rt>こうし</rt></ruby>の線は、遠近感を強調するように描<ruby>描<rt>えが</rt></ruby>かれています。

そのために右に置いた縦棒<ruby>縦棒<rt>たてぼう</rt></ruby>が、より遠くにあるように見えています。

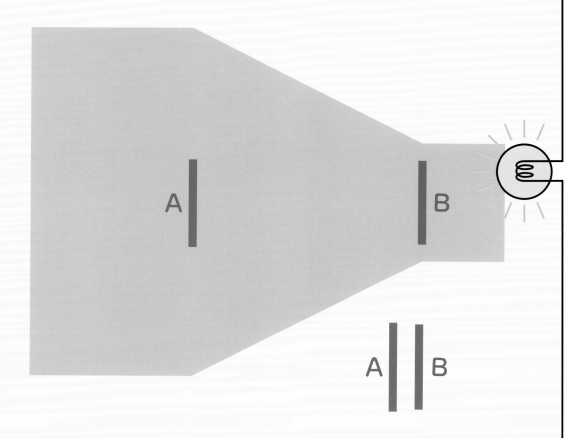

B の方が長く見えるのは、「遠くのモノは目に映<ruby>映<rt>うつ</rt></ruby>るときは小さいけれど、実際に小さいわけではない」という知識を使ってものの大きさを判断しているからです。そのために、遠くのものを長く（あるいは大きく）見積もってしまうのです。みなさんは普段<ruby>普段<rt>ふだん</rt></ruby>どのように大きさを判断していますか？

9 大きな皿と小さな皿に置かれたトマト、どちらが大きい？

まわりの情報に惑わされないで

トマトの大きさをくらべてください。右側のトマトの方が大きく見えますが
さて、本当にそうでしょうか？

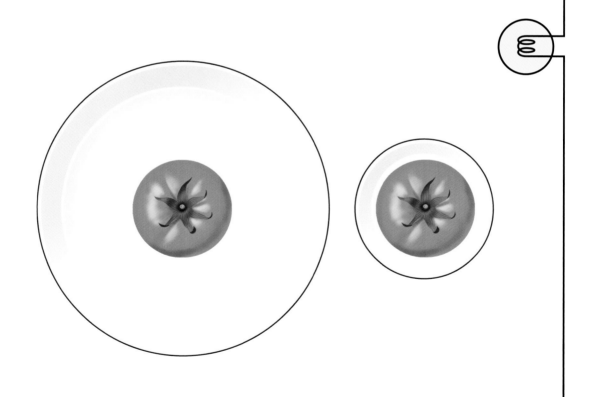

見方は1つとは限らない。

●お皿の大きさに注目しましょう！

お皿の輪郭の部分を紙などで隠してみると・・・あれ？左右のトマトは同じ大きさです。まわりが大きいとそれに囲まれたモノは小さく、まわりが小さいとそれに囲まれたモノは大きく見えます。

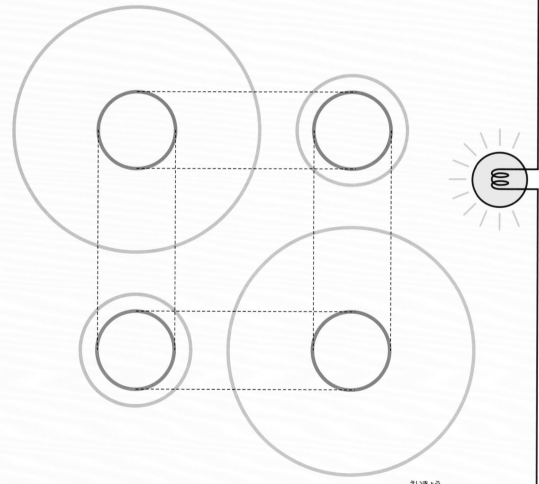

このように、わたしたちの感覚は相対的で、まわりのモノや情報に影響されてしまいます。すぐに「右が大きい」と決めつけないで、「もし、このお皿がなかったら？」と想像力を働かせてみましょう。

❿上下の扇の形、どちらが大きい?

近くどうしだけでくらべないで

上下に並んだ扇形の2つの図形。

さて、どちらの図形が大きいでしょうか?

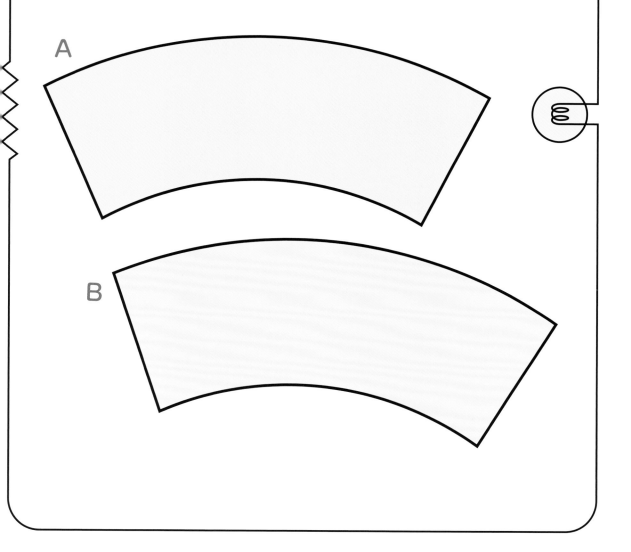

A

B

見方は1つとは限らない。

●見た目の判断が正しいとは限らない。

わたしたちは、大きさをくらべるときに、大きさそのものではなくて、辺の長さに注目してしまうくせがあります。扇形 A のいちばん下の辺は、すぐ下に並んでいる扇形 B の上の辺よりも短くなっています。そのために、A の面積は B の面積より小さい！と判断してしまうのです。

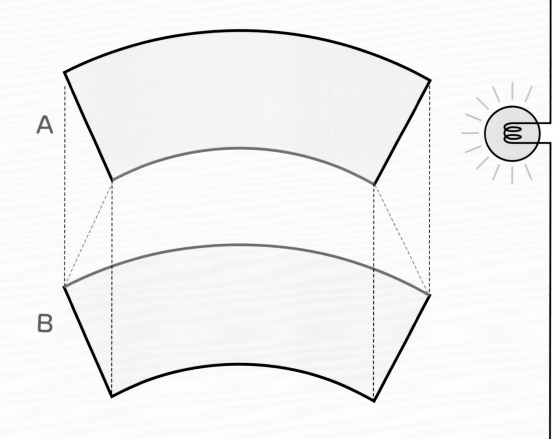

正しい大きさを知るには、パッと目に入る近くの辺の長さだけではなく、全体に注目しましょう。

⑪左右の写真、どこが違う?

「違う」という思い込みが、目を狂わす

●同じようだが違って見える?

右の風景と左の風景。写っているモノはすべて同じ風景ですが、
傾きが異なるように見えます。何が違うのでしょうか?

見方は1つとは限らない。

●実は、同じ写真。

切り離してみると、まったく同じ写真を2枚並べただけでした。もちろん角度も当然同じです。遠くまで続く線路や道路の同じ写真を並べると、角度が全く違って見えることがあるのです。

わたしたちが無意識に、横に並べた2枚の写真の違いをよりはっきり見きわめようとするためにおこります。

「実はまったく同じ写真かも！」という可能性を想像することができましたか？

⑫ もう顔にしか見えない！？
一度持ったイメージから逃れるのはたいへん

四角く囲んだ線の中に黒い丸が３つあるだけの単純な図形ですが

黒丸の位置の関係で、なにか想像させられます。

サイコロの３の目？それとも外国のコンセントの穴？

じっと見つめていると、なんだか顔ように見えてきませんか？

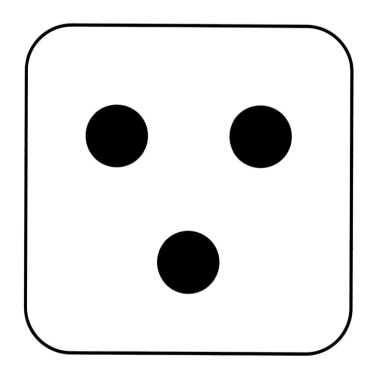

見方は**1**つとは限らない。

円形や四角形の配置からコンセントなどの穴だとわかっていても、一度顔を思い浮かべてしまうと、そのイメージから離れられなくなってしまいます。
このようなイメージのせいで、壁のシミが幽霊の出現といった間違った情報に変わったりします。イメージにとらわれずに「ほかの見え方はないかな？」と想像力を働かせましょう。

⓭ありえる？ ありえない？

全体を見ないとわからない情報

立体の完成図を描いてみました。
ちょっと複雑そうですが、実際につくることはできるでしょうか？

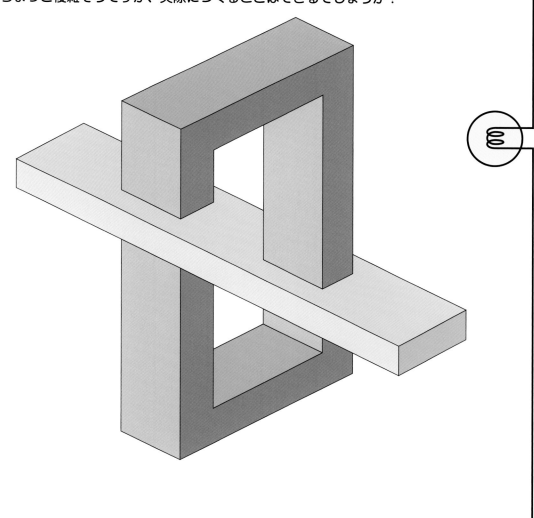

見方は1つとは限らない。

単純なブロックの組合せのようですが・・・。

よくよく観察すると、とても現実にはありえない立体でした。

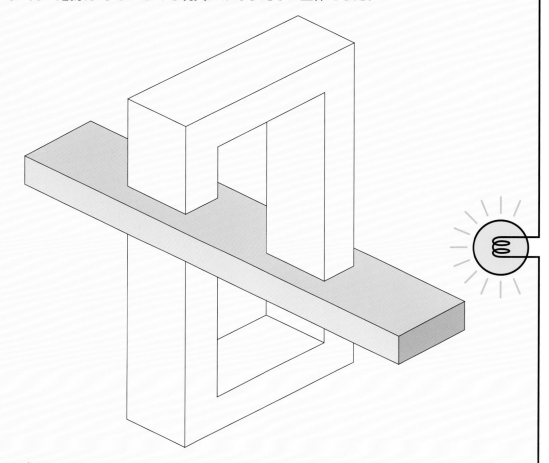

●描くことはできても、つくるのは不可能！

この図形は、各部分はそれぞれ正しいのですが、全体としてはほんものの立体ではありえないようなつながり方になっています。わたしたちは、まず立体を構成する各部分に注目するため、最初は正しい立体のように見えてしまいます。しかし想像力をオンにして全体をじっくり見ていると、やがてその不自然さに気がつくのです。

⑭曲がった棒を まっすぐにするには？

余計な情報を取り除いてみよう

曲がった棒がたくさん並んでいるように見えますが・・・。
どうすればすべての棒をまっすぐにすることができるか考えてください。

見方は1つとは限らない。

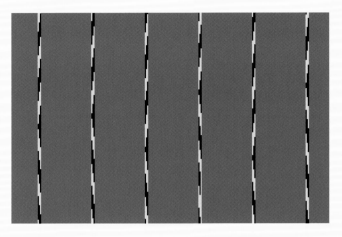

上の図は前ページの棒の形を変えずに、ただねじれ模様だけを同じ方向に揃えたものです。今度はみんな揃って同じ方向に曲がって見えますね。

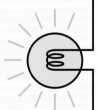

次に、棒の中のねじれ模様を無くしてみました。

なんと実は、すべて等間隔に並んだ平行でまっすぐな棒でした。
ねじれ模様をつけると、まっすぐな棒でも曲がって見えてしまいます。
このように、ちょっとした手を加えただけで、モノの見え方はすっかり変わってしまうのです。

⑮トランプを浮き上がらせるには？

影の情報にも注目しよう

2枚のトランプ。片方は置いてありますが、もう片方は浮かび上がっています。
なぜ、そのように感じられるのでしょうか？

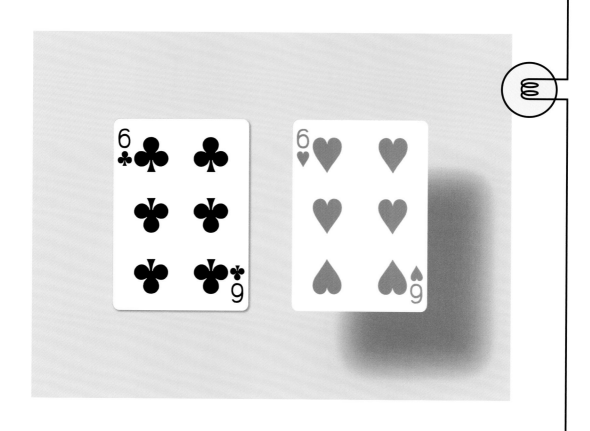

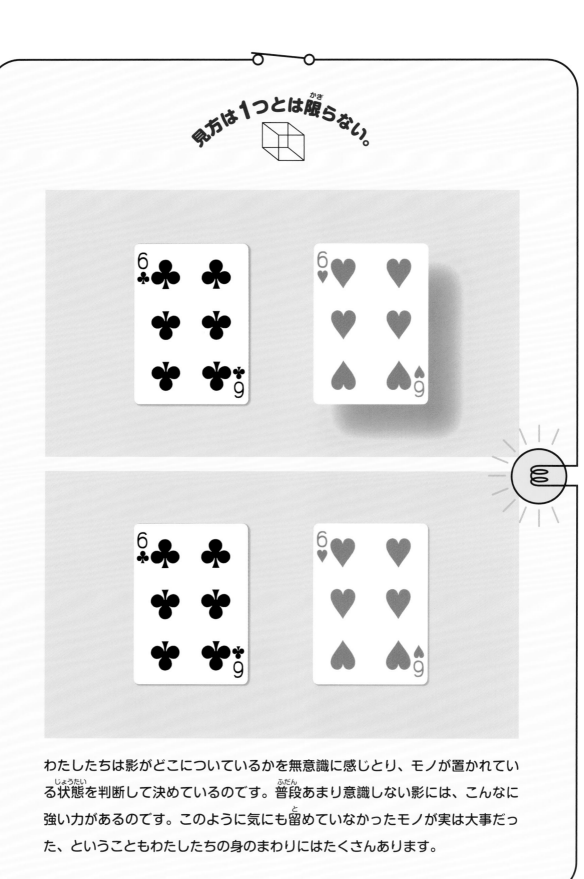

わたしたちは影がどこについているかを無意識に感じとり、モノが置かれている状態を判断して決めているのです。普段あまり意識しない影には、こんなに強い力があるのです。このように気にも留めていなかったモノが実は大事だった、ということもわたしたちの身のまわりにはたくさんあります。

16 ないモノが見えてくる
外枠が中身を連想させる

欠けた３つの赤い円に囲まれた部分をしっかり見つめてみましょう。
何が見えますか？

３つの欠けた赤い円の中に、実際にはそこにない
三角錐が浮かび上がってきます。

見方は1つとは限らない。

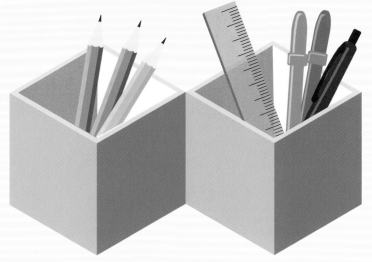

つながった2つのペン立てだけを見ていると、三角錐などどこにもありません。しかし、欠けた3つの赤い円に視線を移すと、右のような三角錐が浮かび上がりました。

●欠けた円が立体を見せる！

上の図形では、白い四角形が浮き出ているように見えませんか？
一部が欠けた円を並べると、それに囲まれた領域を三角錐のように見せたり、あるいは浮き上がっているように見せたりと、立体的に見せる力があらわれます。情報が欠けていると、無意識にそこを埋めてしまうからです。

⑰あるモノが消えていく！？

見つめすぎると視野が狭くなる

中央の黒い点に集中して見つめると、ある変化があらわれます。
まわりの模様はどのように変わるでしょうか？

.

見方は1つとは限らない。

前のページと同様に、真ん中の黒い点を見つめてください。

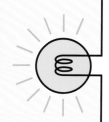

●集中すればするほど見えなくなる。

黒い点をじっと見つめていると、ぼやけたまわりのパターンは目の前から消えてしまいます。あわい色の模様であれば、目の前から消してしまうことができるのです。目に映る模様が完全に止まってしまうと、それを見ないようにする脳のしくみがあるためです。

1つのモノだけに集中しすぎてまわりが見えなくなってしまうことが、あなたの生活の中でも経験がありませんか？

あ と が き

　この本の題名は、小学5年の国語教科書（光村図書）に載っている「想像力のスイッチを入れよう」からつながるものです。《情報の受け取り方》についてわたしが書いたその文章には、理解の助けになるよう1つ図解を入れました。その図解の例を、専門家である竹内先生がたっぷり増やして下さったのが、あなたが手に取っているこの本です。

　学校で違う教科書を使っている人も、大丈夫。ここから始まる3冊シリーズを楽しく何度も見るうちに、あなたはきっと《情報の受け取り方》が、上手になります。友達やテレビやインターネットなどから新しい情報を受け取るとき、「待てよ、答えはひとつじゃないかも知れないぞ」と、頭の中の電球をカチッと点灯させることができるようになります。

　前書きで竹内先生が書いている通り、これは「錯視図形に限らず、わたしたちが世の中で目や耳にすること」に、たくさん当てはまります。

　たとえば――

　⑦のケース。「ここには、今まで大雨が降っても洪水が来たことはないよ」と今までの《経験にしばられて》しまうと、目の前に危険が迫っているのに判断を見誤って、逃げ遅れてしまいます。

　⑨のケース。自分の地域である感染症患者が初めて1人出たら、すごく恐怖を感じて行き過ぎた反応（仲間はずれなど）をしてしまいがちです。ところが感染者が多くなると、1人増えても逆に落ち着いて正しい程度の感染防止策が取れるようになる。これも、「患者数」という《まわりの大きさ》に左右されて、判断が変わる例です。

　――ほらね、身の回りにいろいろと応用できそうでしょう？　この後も2冊目・3冊目で、また違った種類の問題を見ながら、想像力のスイッチをオンにするトレーニングを楽しく積んでいきましょう！

下村健一

◎編著●竹内龍人（たけうちたつと）
　　　米国テキサス州生まれ。京都大学文学部卒業。東京大学大学院、カリフォルニア大学バークレー校心理学部、日本電信電話株式会社（NTT研究所）を経て、現在は日本女子大学人間社会学部心理学科教授。人間の知覚や認知に関する実験心理学的研究に取り組む。おもな著書に「びっくり！！トリックアート全3巻」（汐文社）、「だまし絵でわかる脳のしくみ」「進化する勉強法」（誠文堂新光社）、「頭がよくなる！だまし絵1年生」（学研プラス）などがある。

◎監修●下村健一（しもむらけんいち）
　　　東京生まれ。東京大学法学部卒業。TBS報道局アナウンサーからフリーキャスターまで通算25年、ニュース現場で取材の最前線に立つ。その後、民主党・自民党の3政権で内閣審議官等を務め、首相官邸広報に従事。任期満了後は東京大学客員助教授、慶應義塾大学特別招聘教授などを経て、現在は白鴎大学特任教授。おもな著書に「10代からの情報キャッチボール入門」（岩波書店）、「想像力のスイッチを入れよう」（講談社）、「窓をひろげて考えよう」（かもがわ出版）など。

答えはひとつじゃない! 想像力スイッチ
1. ほかの見え方はないかな？

発　行　　2020年12月　　初版第1刷発行
　　　　　2022年11月　　初版第2刷発行

編　著　　竹内龍人
監　修　　下村健一
発行者　　小安宏幸
発行所　　株式会社 汐文社
　　　　　東京都千代田区富士見1-6-1　〒102-0071
　　　　　電話：03-6862-5200　FAX：03-6862-5202
　　　　　URL：https://www.choubunsha.com
編集・制作　株式会社 山河（生原克美）
印　刷　　新星社西川印刷株式会社
製　本　　東京美術紙工協業組合

ISBN978-4-8113-2788-4　　　　　　　　　　　　　　NDC007